CADERNO DE ATIVIDADES
1

Organizadora: Editora Moderna

Obra coletiva concebida, desenvolvida e produzida pela Editora Moderna.

Editora Executiva:
Mara Regina Garcia Gay

NOME: ....
.... TURMA: ....
ESCOLA: ....
....

1ª edição

© Editora Moderna, 2019

Elaboração de originais:

Diana Maia de Lima
Mestre em Educação Matemática pela Pontifícia Universidade Católica de São Paulo. Licenciada em Matemática pela Fundação Santo André. Editora.

Renata Martins Fortes Gonçalves
Mestre em Educação Matemática pela Pontifícia Universidade Católica de São Paulo. Especialista em Gerenciamento de Projetos (MBA) pela Fundação Getulio Vargas de São Paulo. Bacharel em Matemática com ênfase em Informática pela Fundação Santo André. Editora.

Mara Regina Garcia Gay
Bacharel e licenciada em Matemática pela Pontifícia Universidade Católica de São Paulo. Professora em escolas públicas e particulares de São Paulo, por 17 anos. Editora.

Coordenação editorial: Mara Regina Garcia Gay
Edição de texto: Ofício do Texto Projetos Editoriais
Assistência editorial: Ofício do Texto Projetos Editoriais, Cintia Alessandra Valle Burkert Machado
Leitura técnica: Patrícia Felipe
Gerência de *design* e produção gráfica: Everson de Paula
Coordenação de produção: Patricia Costa
Suporte administrativo editorial: Maria de Lourdes Rodrigues
Coordenação de *design* e projetos visuais: Marta Cerqueira Leite
Projeto gráfico: Adriano Moreno Barbosa, Daniel Messias, Mariza de Souza Porto
Capa: Bruno Tonel
   Ilustração: Raul Aguiar
Coordenação de arte: Wilson Gazzoni Agostinho
Edição de arte: Teclas Editorial
Editoração eletrônica: Teclas Editorial
Coordenação de revisão: Elaine Cristina del Nero
Revisão: Ofício do Texto Projetos Editoriais
Coordenação de pesquisa iconográfica: Luciano Baneza Gabarron
Pesquisa iconográfica: Ofício do Texto Projetos Editoriais
Coordenação de *bureau*: Rubens M. Rodrigues
Tratamento de imagens: Fernando Bertolo, Joel Aparecido, Luiz Carlos Costa, Marina M. Buzzinaro
Pré-impressão: Alexandre Petreca, Everton L. de Oliveira, Marcio H. Kamoto, Vitória Sousa
Coordenação de produção industrial: Wendell Monteiro
Impressão e acabamento: Brasilform Editora e Ind. Gráfica
Lote 283845 - 283846

Dados Internacionais de Catalogação na Publicação (CIP)
(Câmara Brasileira do Livro, SP, Brasil)

Buriti plus : matemática : caderno de atividades / organizadora Editora Moderna ; obra coletiva concebida, desenvolvida e produzida pela Editora Moderna ; editora executiva Mara Regina Garcia Gay. — 1. ed. — São Paulo : Moderna, 2019.

Obra em 5 v. para alunos do 1º ao 5º ano.

1. Matemática (Ensino fundamental) I. Gay, Mara Regina Garcia.

19-24816   CDD-372.7

Índices para catálogo sistemático:
1. Matemática : Ensino fundamental 372.7

Maria Alice Ferreira — Bibliotecária — CRB-8/7964

ISBN 978-85-16-11783-2 (LA)
ISBN 978-85-16-11784-9 (LP)

Reprodução proibida. Art. 184 do Código Penal e Lei 9.610 de 19 de fevereiro de 1998.
Todos os direitos reservados
EDITORA MODERNA LTDA.
Rua Padre Adelino, 758 – Belenzinho
São Paulo – SP – Brasil – CEP 03303-904
Vendas e Atendimento: Tel. (0_ _11) 2602-5510
Fax (0_ _11) 2790-1501
www.moderna.com.br
2019
Impresso no Brasil

1 3 5 7 9 10 8 6 4 2

CARO(A) ALUNO(A)

FIZEMOS ESTE *CADERNO DE ATIVIDADES* PARA REFORÇAR E EXPLORAR AINDA MAIS SEUS CONHECIMENTOS EM MATEMÁTICA.

AQUI VOCÊ VAI ENCONTRAR ATIVIDADES VARIADAS, DISTRIBUÍDAS EM OITO UNIDADES, DA MESMA FORMA QUE NO SEU LIVRO.

NO INÍCIO DE CADA UNIDADE, NA SEÇÃO **LEMBRETES**, HÁ UM RESUMO DOS PONTOS PRINCIPAIS E, NO FIM, HÁ A SEÇÃO **QUEBRA-CUCA**, PARA VOCÊ SE DIVERTIR ENQUANTO APRENDE. CONFIRA!

OS EDITORES

Sumário

UNIDADE 1 — VAMOS COMEÇAR

LEMBRETES 05
TEMA 1 • POSICIONAMENTO 06
TEMA 2 • COMPARAÇÕES 09
◉ COMPREENDER INFORMAÇÕES 12
◉ QUEBRA-CUCA 12

UNIDADE 2 — VAMOS CONTAR

LEMBRETES 13
TEMA 1 • CONTAGEM E REPRESENTAÇÃO DE QUANTIDADES 14
TEMA 2 • COMPARAR E ORDENAR 20
◉ COMPREENDER INFORMAÇÕES 21
◉ QUEBRA-CUCA 21

UNIDADE 3 — VAMOS ADICIONAR E SUBTRAIR

LEMBRETES 22
TEMA 1 • ADIÇÃO 23
TEMA 2 • SUBTRAÇÃO 25
TEMA 3 • AS DUAS OPERAÇÕES 27
◉ COMPREENDER INFORMAÇÕES 29
◉ QUEBRA-CUCA 29

UNIDADE 4 — GEOMETRIA

LEMBRETES 30
TEMA 1 • FIGURAS GEOMÉTRICAS 31
TEMA 2 • LOCALIZAÇÃO E DESLOCAMENTO 37
◉ COMPREENDER INFORMAÇÕES 39
◉ QUEBRA-CUCA 39

UNIDADE 5 — VAMOS CONTAR MAIS

LEMBRETES 40
TEMA 1 • APRENDENDO MAIS NÚMEROS 41
TEMA 2 • NÚMEROS NO COTIDIANO 43
◉ COMPREENDER INFORMAÇÕES 44
◉ QUEBRA-CUCA 44

UNIDADE 6 — VAMOS MEDIR

LEMBRETES 45
TEMA 1 • MEDIÇÕES 46
TEMA 2 • MEDIDAS DE COMPRIMENTO 47
TEMA 3 • MEDIDAS DE MASSA E MEDIDAS DE CAPACIDADE 50
TEMA 4 • MEDIDAS DE TEMPO 52
TEMA 5 • CÉDULAS E MOEDAS DO BRASIL 54
◉ COMPREENDER INFORMAÇÕES 55
◉ QUEBRA-CUCA 55

UNIDADE 7 — OPERAÇÕES COM NÚMEROS NATURAIS

LEMBRETES 56
TEMA 1 • ADIÇÃO E SUBTRAÇÃO 58
TEMA 2 • MULTIPLICAÇÃO E DIVISÃO 60
◉ COMPREENDER INFORMAÇÕES 64
◉ QUEBRA-CUCA 64

UNIDADE 8 — AMPLIANDO

LEMBRETES 65
TEMA 1 • NÚMEROS 66
TEMA 2 • GEOMETRIA 67
TEMA 3 • MEDIDAS 69
TEMA 4 • ÁLGEBRA 70
◉ COMPREENDER INFORMAÇÕES 71
◉ QUEBRA-CUCA 72

LEMBRETES — UNIDADE 1 — VAMOS COMEÇAR

PAULA ESTÁ **NA FRENTE** DA PLACA.
JOÃO ESTÁ **ATRÁS** DA PLACA.
A PLACA ESTÁ **ENTRE** JOÃO E PAULA.

A BOLA ESTÁ **À ESQUERDA** DE MÁRCIO.
O AVIÃO ESTÁ **À DIREITA** DE MÁRCIO.

A BOLA E OS PATINS ESTÃO **EMBAIXO** DA MESA.
OS LIVROS E OS COPOS ESTÃO **EM CIMA** DA MESA.

MIGUEL FELIPE GABRIEL

FELIPE É **MAIS ALTO** DO QUE GABRIEL.
FELIPE É **MAIS BAIXO** DO QUE MIGUEL.

AS MOEDAS FORAM ORGANIZADAS POR TIPO, CADA TIPO EM UMA PILHA.
AS PILHAS DE MOEDAS FORAM ORGANIZADAS DO VALOR MAIS BAIXO ATÉ O VALOR MAIS ALTO.

CINCO 5

NA FRENTE, ATRÁS, ENTRE

OBSERVE A CENA.

- CONTORNE COM UMA LINHA 🖍 A CRIANÇA QUE ESTÁ NA FRENTE DO ESCORREGADOR.
- CONTORNE COM UMA LINHA 🖍 A CRIANÇA QUE ESTÁ ATRÁS DO ESCORREGADOR.
- DESENHE UM CARRINHO ENTRE A BOLA E O BALDINHO.

DIREITA E ESQUERDA

TEMA 1 | POSICIONAMENTO

1 PINTE SOMENTE O PEIXE QUE ESTÁ À **DIREITA** DE JOÃO.

JOÃO

2 CONTORNE OS OBJETOS QUE ESTÃO À **ESQUERDA** DA LINHA VERDE.

SETE 7

TEMA 1 | POSICIONAMENTO

EM CIMA E EMBAIXO

OBSERVE A IMAGEM E FAÇA O QUE SE PEDE.

- FAÇA UM **X** NOS OBJETOS QUE ESTÃO EM CIMA DA MESA.
- CIRCULE OS LIVROS QUE ESTÃO EM CIMA DA PRATELEIRA MAIS ALTA.

LOCALIZAÇÃO

SIGA AS DICAS E ESCREVA ONDE CADA OBJETO DEVE FICAR.

USE A LETRA **B** PARA BONECA, **T** PARA TELEFONE E **L** PARA LIVRO.

- A BONECA DEVE FICAR NO CUBO AZUL MAIS BAIXO.
- O TELEFONE DEVE FICAR EM CIMA DA MESA.
- O LIVRO DEVE FICAR ENTRE DOIS CUBOS DE COR LARANJA.

OITO

COMPARAR QUANTIDADES

TEMA 2 | COMPARAÇÕES

1 OBSERVE A IMAGEM A SEGUIR.

- A QUANTIDADE DE CADEIRAS É IGUAL AO NÚMERO DE PESSOAS?

  ☐ SIM   ☐ NÃO

- QUANTAS PESSOAS HÁ NA SALA? _____

- QUANTAS CADEIRAS HÁ NA SALA? _____

2 MARQUE COM UM **X** OS GRUPOS QUE TÊM A MESMA QUANTIDADE DE BOMBONS.

- QUANTOS BOMBONS HÁ NO GRUPO QUE TEM A MENOR QUANTIDADE? _____

NOVE 9

SÍMBOLOS E CÓDIGOS

1 OBSERVE AS PLACAS A SEGUIR.

- VOCÊ JÁ VIU ALGUMA DESTAS PLACAS? _____
- O QUE HÁ DE COMUM A TODAS AS PLACAS? O QUE ISSO INDICA?

_____

- O QUE SIGNIFICA CADA UMA DAS PLACAS? _____

_____

2 LIGUE CADA PLACA DE TRÂNSITO AO QUE ELA INDICA.

ÁREA ESCOLAR

PROIBIDO VIRAR À ESQUERDA

SIGA EM FRENTE

PROIBIDO BUZINAR

COMPARAR PARA DESCOBRIR

MARQUE COM UM **X** A GIRAFA MAIS ALTA.

ORGANIZAÇÃO

OBSERVE OS OBJETOS QUE ESTÃO ESPALHADOS PELO CHÃO.

- **CIRCULE** OS OBJETOS DE DECORAÇÃO DE UMA CASA.
- FAÇA UM **X** NOS OBJETOS DE COZINHA.

ONZE 11

COMPREENDER INFORMAÇÕES

OBSERVE A ILUSTRAÇÃO E RESPONDA DE ACORDO COM O CÓDIGO.

| C | ACONTECERÁ COM CERTEZA | | I | IMPOSSÍVEL DE ACONTECER |

☐ SE JÚLIA ESCOLHER O POTE 1, ELA PEGARÁ BOMBONS.

☐ SE JÚLIA ESCOLHER O POTE 2, ELA PEGARÁ BALAS.

☐ SE JÚLIA ESCOLHER O POTE 2, ELA PEGARÁ PIRULITOS.

☐ SE JÚLIA ESCOLHER O POTE 3, ELA PEGARÁ BOMBONS.

QUEBRA-CUCA

ADIVINHE QUEM É

SIGA AS DICAS E MARQUE COM UM **X** A PESSOA CITADA.

DICAS
- A PESSOA ESTÁ ENTRE A MOÇA DE BLUSA VERMELHA E O HOMEM DE BERMUDA AZUL.
- ELA NÃO É A MAIS BAIXA DA FILA.

LEMBRETES — UNIDADE 2 — VAMOS CONTAR

NÚMEROS NA FORMA ORDINAL

1º – PRIMEIRO
2º – SEGUNDO
3º – TERCEIRO
4º – QUARTO
5º – QUINTO
6º – SEXTO
7º – SÉTIMO
8º – OITAVO
9º – NONO
10º – DÉCIMO

DEZENA

10 UNIDADES = DEZ

ALGUNS NÚMEROS ATÉ 31

11 = 1 DEZENA E 1 UNIDADE
14 = CATORZE
19 = 10 + 9
23 = 2 DEZENAS E 3 UNIDADES
27 = VINTE E SETE
28 = 20 + 8
30 = 29 + 1
31 = 30 + 1

TREZE 13

NÚMEROS ATÉ 10

1 DESENHE AS BOLINHAS QUE FALTAM DE ACORDO COM OS NÚMEROS INDICADOS.

2 OBSERVE AS PLAQUINHAS.

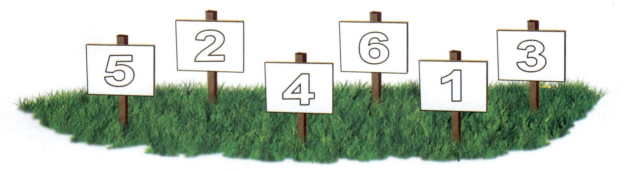

- PINTE DE 🖍️ A PLAQUINHA COM O NÚMERO CINCO.
- PINTE DE 🖍️ A PLAQUINHA COM O NÚMERO SEIS.

3 CONTE E ESCREVA A QUANTIDADE DE CADA TIPO DE FLOR.

14 CATORZE

TEMA 1 | CONTAGEM E REPRESENTAÇÃO DE QUANTIDADES

SEQUÊNCIAS

1. COMPLETE A SEQUÊNCIA NUMÉRICA DE 1 A 9.

   | 1 | 2 | | 4 | | | 7 | | |

2. OBSERVE O TREM E COMPLETE A SEQUÊNCIA.

3. VEJA A NUMERAÇÃO DE OUTRO TREM:

- AGORA, COLOQUE OS NÚMEROS EM SEQUÊNCIA, DO MAIOR PARA O MENOR:

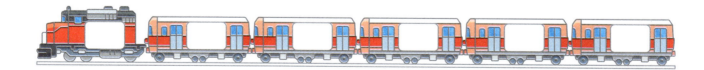

- COLOQUE OS NÚMEROS EM SEQUÊNCIA, DO MENOR PARA O MAIOR:

QUINZE 15

DEZ UNIDADES OU UMA DEZENA

1 DESENHE AS BOLINHAS QUE FALTAM PARA COMPLETAR 10.

2 CONTE AS MANCHAS QUE VOCÊ VÊ NOS CACHORROS E PINTE-OS DE ACORDO COM A LEGENDA.

3 COMPLETE O DESENHO PARA FORMAR 1 DEZENA DE BANDEIRINHAS.

16 DEZESSEIS

TEMA 1 | CONTAGEM E REPRESENTAÇÃO DE QUANTIDADES

NÚMEROS ATÉ 20

1. CIRCULE UM CONJUNTO DE 11 PIRULITOS.

2. OBSERVE AS TAMPINHAS E FAÇA O QUE SE PEDE.

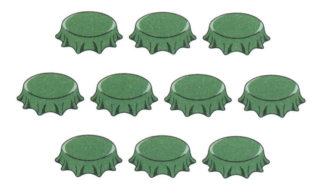

- QUANTAS TAMPINHAS HÁ?
- QUANTAS TAMPINHAS FALTAM PARA COMPLETAR 16?
- DESENHE AS TAMPINHAS QUE FALTAM PARA COMPLETAR 16.

3. DESCUBRA O SEGREDO E COMPLETE A SEQUÊNCIA.

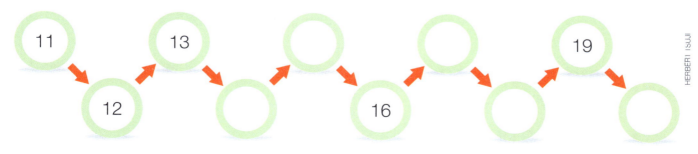

DEZESSETE 17

USANDO DINHEIRO

1 LIGUE CADA CÉDULA DE REAL AO PRODUTO QUE PODE SER PAGO COM ELA:

2 VOCÊ PRECISA COMPRAR UM PRODUTO DE 5 REAIS E TEM NA CARTEIRA:

- COMO VOCÊ PODE PAGAR ESSE PRODUTO? FAÇA UM **X** NAS CÉDULAS QUE USARÁ.
- INDIQUE AS OUTRAS OPÇÕES POSSÍVEIS.

DEZOITO

TEMA 1 | CONTAGEM E REPRESENTAÇÃO DE QUANTIDADES

NÚMEROS ATÉ 31

1. OBSERVE E RESPONDA.

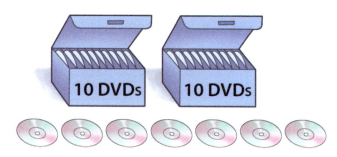

- QUANTOS DVDS HÁ EM CADA CAIXA? ☐
- E FORA DAS CAIXAS? ☐
- NO TOTAL, HÁ _____ DVDs.

2. LUÍSA COLECIONA CARTÕES-POSTAIS. VEJA OS CARTÕES QUE ELA TEM E RESPONDA.

LUÍSA TEM _____ CARTÕES-POSTAIS.

O PRIMO DE LUÍSA DEU-LHE MAIS 1 DEZENA DE CARTÕES-POSTAIS.

COM QUANTOS CARTÕES-POSTAIS LUÍSA FICOU? ☐

DEZENOVE 19

TEMA 2 | COMPARAR E ORDENAR

COMPARAÇÕES

OBSERVE OS LIVROS A SEGUIR.

DICAS
- LUCAS TEM O LIVRO COM MENOS PÁGINAS.
- O LIVRO DE MIGUEL TEM MAIS PÁGINAS DO QUE O DE AMANDA.

- AGORA, LIGUE CADA LIVRO AO SEU DONO.

NÚMEROS NA FORMA ORDINAL

1 OBSERVE A CENA E RESPONDA.

- QUEM ESTÁ EM PRIMEIRO LUGAR?
  _____

- QUEM ESTÁ EM ÚLTIMO LUGAR?
  _____

2 OBSERVE A POSIÇÃO DOS CARROS NA CORRIDA.

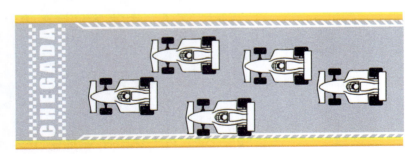

- PINTE DE 🖍 O CARRO QUE ESTÁ EM SEGUNDO LUGAR.
- PINTE DE 🖍 O QUINTO CARRO.

20 VINTE

COMPREENDER INFORMAÇÕES

LEIA A TABELA A SEGUIR E EM SEGUIDA RESPONDA AO QUE SE PEDE.

NÚMERO DE PADARIAS POR BAIRRO

BAIRRO	RIO GRANDE	PROFESSORA ROSA	CORONEL SANTOS	PEDRA FURADA
NÚMERO DE PADARIAS	11	6	3	2

- QUAL É O NÚMERO DE PADARIAS DO BAIRRO RIO GRANDE? _____
- QUAL BAIRRO TEM APENAS 3 PADARIAS? FAÇA UM **X**:

☐ RIO GRANDE   ☐ CORONEL SANTOS

☐ PROFESSORA ROSA   ☐ PEDRA FURADA

QUEBRA-CUCA

ESCREVA OS NÚMEROS QUE FALTAM. USE OS NÚMEROS DE 6 A 9 SEM REPETIR NENHUM NÚMERO NA MESMA LINHA OU NA MESMA COLUNA.

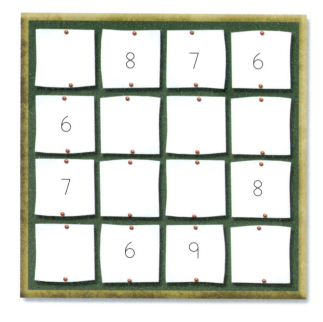

VINTE E UM 21

LEMBRETES — UNIDADE 3: VAMOS ADICIONAR E SUBTRAIR

ADIÇÃO

QUANTAS BOLAS HÁ NO TOTAL?

4 MAIS 6 É IGUAL A 10.

$$4 + 6 = 10 \quad \text{OU} \quad \begin{array}{r} 4 \\ + 6 \\ \hline 10 \end{array}$$

NO TOTAL HÁ 10 BOLAS.

QUANTAS CRIANÇAS, AO TODO, VÃO BRINCAR NO GIRA-GIRA?

4 MAIS 2 É IGUAL A 6.

$$4 + 2 = 6 \quad \text{OU} \quad \begin{array}{r} 4 \\ + 2 \\ \hline 6 \end{array}$$

VÃO BRINCAR 6 CRIANÇAS NO GIRA-GIRA.

SUBTRAÇÃO

QUANTAS ABÓBORAS SOBRARAM?

$$12 - 6 = 6 \quad \text{OU} \quad \begin{array}{r} 12 \\ - 6 \\ \hline 6 \end{array}$$

12 MENOS 6 É IGUAL A 6.

SOBRARAM 6 ABÓBORAS.

QUANTAS FIGURINHAS FALTAM PARA COMPLETAR ESTAS PÁGINAS DO ÁLBUM?

$$9 - 5 = 4 \quad \text{OU} \quad \begin{array}{r} 9 \\ - 5 \\ \hline 4 \end{array}$$

9 MENOS 5 É IGUAL A 4.

FALTAM 4 FIGURINHAS PARA COMPLETAR ESTAS PÁGINAS DO ÁLBUM.

ADIÇÃO COM NÚMEROS ATÉ 10

1 PINTE DE ACORDO COM A LEGENDA E COMPLETE A ADIÇÃO.

4

1

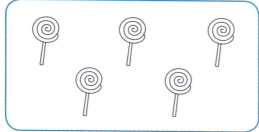

4 MAIS 1 É IGUAL A ☐

4 + ☐ = ☐

3

7

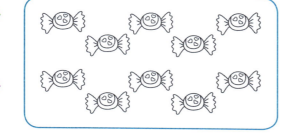

☐ MAIS ☐ É IGUAL A ☐

☐ + ☐ = ☐

2 OBSERVE E COMPLETE DE ACORDO COM O DESENHO.

2 + ☐ = ☐

2
+ ☐
———
☐

_____ PATOS NA ÁGUA MAIS _____ PATOS NA AREIA SÃO _____ PATOS NO TOTAL.

☐ + ☐ = ☐

☐
+ ☐
———
☐

_____ TARTARUGAS NA ÁGUA MAIS _____ TARTARUGAS NA AREIA SÃO _____ TARTARUGAS NO TOTAL.

TEMA 1 | ADIÇÃO

MAIS ADIÇÕES

1 CONTE E COMPLETE.

NO CANIL HÁ _____ CÃES. CHEGARAM MAIS _____ CÃES.

- AGORA, DESENHE O TOTAL DE CÃES QUE FICARÃO DENTRO DO CANIL.

FICARÃO _____ CÃES DENTRO DO CANIL.

2 OBSERVE E COMPLETE.

- NA PRATELEIRA HAVIA _____ LIVROS.

- ALEX COLOCARÁ MAIS _____ LIVROS NA PRATELEIRA.

- QUANTOS LIVROS FICARÃO NA PRATELEIRA? ☐

_____ MAIS _____ É IGUAL A _____.

24 VINTE E QUATRO

TEMA 2 | SUBTRAÇÃO

SUBTRAÇÃO COM NÚMEROS ATÉ 10

1 OBSERVE AS CENAS E COMPLETE.

- HAVIA 5 PEDAÇOS DE 🧀. O 🐭 LEVOU 3. QUANTOS PEDAÇOS DE 🧀 SOBRARAM?

5 MENOS ☐ É IGUAL A ☐.

5 − ☐ = ☐

SOBRARAM _____ PEDAÇOS DE QUEIJO.

- HAVIA 8 🐝 E VOARAM 3. QUANTAS 🐝 FICARAM?

8 MENOS ☐ É IGUAL A ☐.

8 − ☐ = ☐

FICARAM _____ ABELHAS.

2 OBSERVE AS CENAS E COMPLETE A SUBTRAÇÃO.

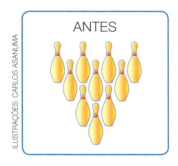
ANTES

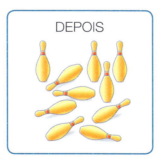
DEPOIS

- QUANTOS PINOS ESTAVAM EM PÉ? _____

- QUANTOS PINOS FORAM DERRUBADOS? _____

- QUANTOS PINOS NÃO FORAM DERRUBADOS? _____

☐ − ☐ = ☐

VINTE E CINCO **25**

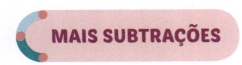

MAIS SUBTRAÇÕES

TEMA 2 | SUBTRAÇÃO

1. OBSERVE AS QUANTIAS DE CLARA E DE JÚLIA.

- QUANTOS REAIS CLARA TEM? _____
- QUANTOS REAIS JÚLIA TEM? _____
- CLARA TEM _____ REAIS A MAIS QUE JÚLIA.

2. MARCELO USOU UMA CÉDULA DE 20 REAIS PARA PAGAR O CADERNO AO LADO.
QUANTOS REAIS ELE RECEBEU DE TROCO?

MARCELO RECEBEU _____ REAIS DE TROCO.

3. DESENHE OS CARRINHOS QUE FALTAM PARA QUE CADU FIQUE COM A MESMA QUANTIDADE DE CARRINHOS QUE MÍLTON.

26 VINTE E SEIS

ADIÇÃO E SUBTRAÇÃO

TEMA 3 | AS DUAS OPERAÇÕES

1 FAÇA DESENHOS PARA DESCOBRIR O RESULTADO.

7 – 2 = ☐　　　　8 + 1 = ☐

9 – 9 = ☐　　　　3 + 6 = ☐

8 + 2 = ☐　　　　8 – 6 = ☐

2 A PROFESSORA LEVOU LIVROS PARA EMPRESTAR AOS ALUNOS. VEJA:

INÍCIO DO DIA

FIM DO DIA

- QUANTOS LIVROS FORAM EMPRESTADOS? _____

VINTE E SETE

TEMA 3 | AS DUAS OPERAÇÕES

PROBLEMAS COM ADIÇÃO E SUBTRAÇÃO

1. EM UM JOGO, MARIA E LUIZ FIZERAM JUNTOS 35 PONTOS.

   - SABENDO QUE MARIA FEZ 12 PONTOS, QUANTOS PONTOS LUIZ FEZ? _____

   - QUANTOS PONTOS LUIZ FEZ A MAIS QUE MARIA? _____

2. RICARDO TINHA A SEGUINTE QUANTIA NA CARTEIRA:

   ELE GANHOU MAIS 5 REAIS DE SUA MADRINHA.

   - COM ESSE VALOR, RICARDO PODERÁ COMPRAR UM BRINQUEDO DE 35 REAIS? _____

   - QUANTO VAI SOBRAR OU FALTAR? _____

3. A PROFESSORA DEU UM CARTÃO NUMERADO PARA CADA ALUNO. DESCUBRA O NÚMERO DE CADA UM PELAS DICAS.

RITA	ALEX	BIA	JÚNIOR
MEU NÚMERO É 31.	MEU NUMERO É O DE RITA MAIS 5.	MEU NÚMERO É O DE ALEX MENOS 6.	MEU NÚMERO É O DE ALEX MENOS O DE BIA.
31			

COMPREENDER INFORMAÇÕES

VINÍCIUS E LUCAS PODEM ALCANÇAR QUALQUER BOLINHA DA CAIXA. PINTE AS BOLINHAS DE MODO QUE VINÍCIUS SEJA O VENCEDOR.

- APÓS PINTAR AS BOLINHAS, RESPONDA: É POSSÍVEL QUE LUCAS GANHE? _____
- EXPLIQUE SUA RESPOSTA.

_____

QUEBRA-CUCA

QUAL É A COR DAS PIPAS?

CALCULE O RESULTADO E PINTE AS PIPAS DE ACORDO COM A LEGENDA.

▶ 6
▶ 7
▶ 8
▶ 9

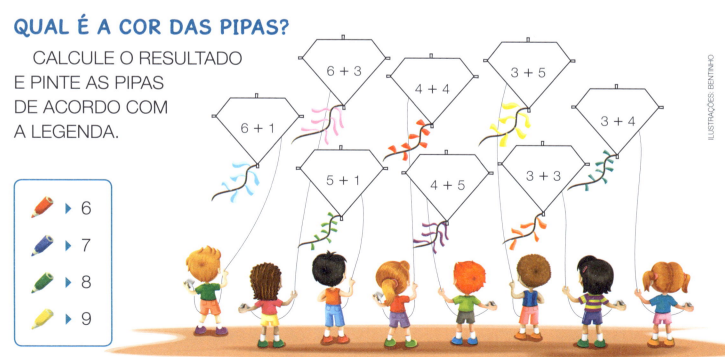

VINTE E NOVE 29

LEMBRETES — UNIDADE 4 — GEOMETRIA

FIGURAS GEOMÉTRICAS NÃO PLANAS

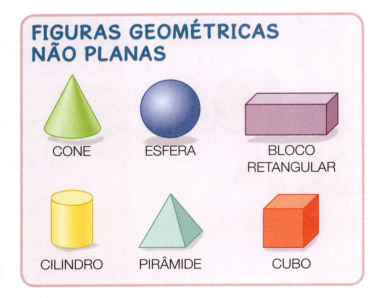

CONE — ESFERA — BLOCO RETANGULAR
CILINDRO — PIRÂMIDE — CUBO

FIGURAS GEOMÉTRICAS PLANAS

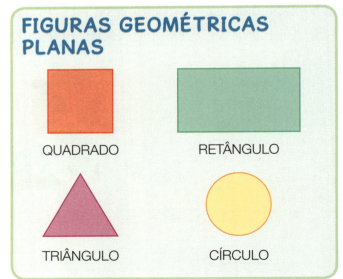

QUADRADO — RETÂNGULO
TRIÂNGULO — CÍRCULO

TANGRAM

É UM QUEBRA-CABEÇA FORMADO POR 7 PEÇAS.

DESLOCAMENTOS

OBSERVE O CAMINHO QUE RICARDO PINTOU PARA IR DE **A** ATÉ **B**.

→ 2   ↑ 1   → 3

30 TRINTA

OBJETOS QUE LEMBRAM FIGURAS GEOMÉTRICAS

TEMA 1 | FIGURAS GEOMÉTRICAS

1 AGRUPE AS FIGURAS QUE TÊM FORMA PARECIDA.

2 LIGUE OS OBJETOS QUE LEMBRAM A MESMA FIGURA GEOMÉTRICA NÃO PLANA.

3 EM QUAL DAS CAIXAS O BRINQUEDO REPRESENTADO A SEGUIR PODERÁ SER EMBALADO? CIRCULE-A.

TRINTA E UM 31

FIGURAS GEOMÉTRICAS NÃO PLANAS

TEMA 1 | FIGURAS GEOMÉTRICAS

1 ESCREVA O NOME DE CADA FIGURA. DEPOIS, CIRCULE NOS QUADROS O OBJETO QUE SE PARECE COM ESSA FIGURA.

2 REGISTRE A QUANTIDADE DE CADA FIGURA QUE APARECE NO QUADRO ABAIXO.

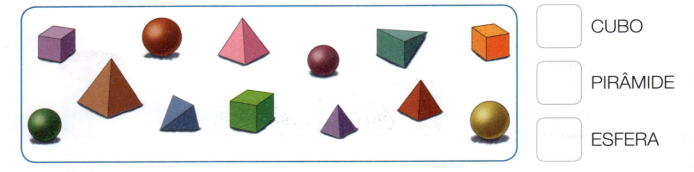

☐ CUBO

☐ PIRÂMIDE

☐ ESFERA

3 OBSERVE A SEQUÊNCIA DE FIGURAS NÃO PLANAS:

• CIRCULE A FIGURA QUE DEVE SER A PRÓXIMA DESSA SEQUÊNCIA:

FIGURAS GEOMÉTRICAS PLANAS

1 OBSERVE A SEQUÊNCIA QUE FREDERICO COMEÇOU A PINTAR USANDO APENAS TRÊS CORES.

- AJUDE-O A TERMINAR DE PINTAR A SEQUÊNCIA.

2 OBSERVE O DESENHO.

- QUAIS FIGURAS FORAM USADAS PARA DESENHAR ESSE ROBÔ?

_____

_____

_____

3 DESCUBRA QUAL DOS OBJETOS JOÃO USOU PARA AUXILIÁ-LO A DESENHAR O CÍRCULO.

   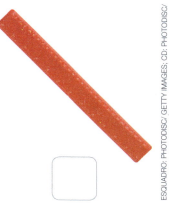

CÍRCULO

TRINTA E TRÊS 33

4 LIGUE OS PONTOS COM A RÉGUA, SEM CRUZAR AS LINHAS, E FORME FIGURAS. DEPOIS, PINTE-AS COM A COR QUE DESEJAR. POR FIM, ESCREVA NOS ESPAÇOS EM BRANCO O NOME DE CADA FIGURA.

5 FAÇA UM DESENHO NA MALHA PONTILHADA USANDO TRIÂNGULOS, QUADRADOS E RETÂNGULOS.

FIGURAS PLANAS E ARTE

TEMA 1 | FIGURAS GEOMÉTRICAS

OBSERVE NOVAMENTE ESTA PINTURA DE MAX BILL:

KONSTRUKTION UM DAS THEMA 3-4-5, DE MAX BILL, 1980.

- AGORA, VOCÊ É O ARTISTA. FAÇA UMA ARTE USANDO QUADRADOS EM DIFERENTES POSIÇÕES:

- VOLTE AO TRABALHO QUE FEZ E COLOQUE OUTRAS FIGURAS PLANAS, QUANTAS E QUAIS QUISER. COMPARE SUA ARTE COM A DE SEUS COLEGAS.

TANGRAM

1. OBSERVE O *TANGRAM* DA PÁGINA 30 E DESENHE A PEÇA QUE FALTA EM CADA UMA DAS FIGURAS ABAIXO.

2. MARQUE COM UM **X** O DESENHO QUE PODE TER SIDO FEITO COM AS SETE PEÇAS DO TANGRAM DA PÁGINA 30.

LOCALIZAÇÃO

TEMA 2 | LOCALIZAÇÃO E DESLOCAMENTO

1. OBSERVE O QUADRICULADO ABAIXO. LEIA AS DICAS E ENCONTRE O SEU QUADRADO.

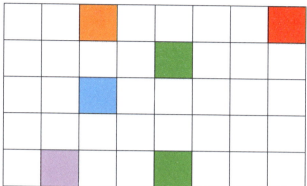

DICAS
- SEU QUADRADO ESTÁ ACIMA DO QUADRADO AZUL.
- SEU QUADRADO ESTÁ À DIREITA E NA MESMA LINHA DO QUADRADO LARANJA.
- NÃO HÁ NENHUM QUADRADO PINTADO CUJO LADO ESTEJA ENCOSTADO NO SEU.

FAÇA UM **X** NO SEU QUADRADO.

2. EM UM TABULEIRO DE XADREZ, O DESAFIO É COMEÇAR NA CASA ONDE ESTÁ POSICIONADA A PEÇA CIRCULAR E CHEGAR À CASA INDICADA COM UM **X**, FAZENDO O TRAJETO MAIS CURTO POSSÍVEL.

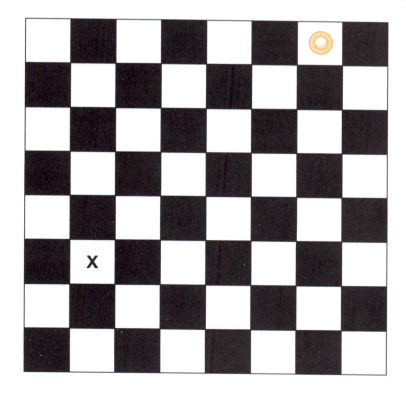

- QUAL CAMINHO VOCÊ FARIA? TRACE NO TABULEIRO.

TRINTA E SETE 37

TEMA 2 | LOCALIZAÇÃO E DESLOCAMENTO

DESCUBRA O CAMINHO QUE GUSTAVO DEVE PERCORRER DA FARMÁCIA ATÉ SUA CASA. SIGA AS INSTRUÇÕES ABAIXO E PINTE CADA QUADRINHO DO CAMINHO.

- AGORA, DESENHE AS INSTRUÇÕES DE OUTRO CAMINHO QUE GUSTAVO PODERIA TER FEITO.

- DESENHE AS INSTRUÇÕES DO CAMINHO, PINTADO EM AMARELO, QUE NICOLE FEZ DA CASA DELA ATÉ A PADARIA.

COMPREENDER INFORMAÇÕES

VEJA O RESULTADO DA VOTAÇÃO QUE OS ALUNOS FIZERAM PARA DECIDIR O NOME DO MASCOTE DA TURMA:

- AGORA, COMPLETE A TABELA COM O NÚMERO DE VOTOS PARA CADA NOME:

NOME DO MASCOTE	BOB	COCADA	TÉO	GUGA	PIPOCA
QUANTIDADE DE VOTOS					

QUEBRA-CUCA

PINTE CONFORME A LEGENDA.

🖍 CÍRCULOS

🖍 RETÂNGULOS

🖍 TRIÂNGULOS

- AGORA, COMPLETE COM A QUANTIDADE DE CADA FIGURA.

☐ CÍRCULOS   ☐ RETÂNGULOS   ☐ TRIÂNGULOS

LEMBRETES — UNIDADE 5 — VAMOS CONTAR MAIS

DEZENAS INTEIRAS

10	DEZ
20	VINTE
30	TRINTA
40	QUARENTA
50	CINQUENTA
60	SESSENTA
70	SETENTA
80	OITENTA
90	NOVENTA

ALGUNS NÚMEROS ATÉ 99

31

40 + 2

5 DEZENAS E 3 UNIDADES

SESSENTA E QUATRO

75

80 + 6

9 DEZENAS E 7 UNIDADES

O NÚMERO 100

CEM = 100 UNIDADES

100 = 10 DEZENAS

100 = 99 + 1

CÉDULAS E MOEDAS DO REAL

40 QUARENTA

NÚMEROS

TEMA 1 | APRENDENDO MAIS NÚMEROS

1 LIGUE CADA NÚMERO DO QUADRO AZUL AO QUADRO AMARELO CORRESPONDENTE.

32	40 + 8
37	4 DEZENAS E 3 UNIDADES
43	30 + 2
48	3 DEZENAS E 7 UNIDADES

2 AGRUPE OS CARRINHOS DE 10 EM 10. DEPOIS, COMPLETE A FRASE.

HÁ _____ CARRINHOS.

3 COMPLETE AS SEQUÊNCIAS DE ACORDO COM O PADRÃO INDICADO.

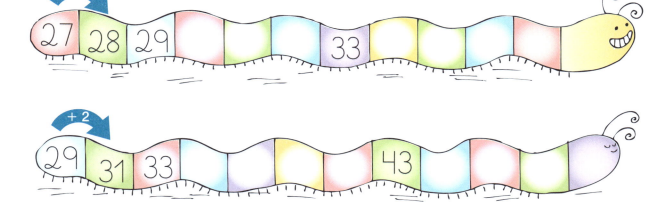

QUARENTA E UM 41

TEMA 1 | APRENDENDO MAIS NÚMEROS

DE 10 EM 10 ATÉ 100

1 OBSERVE OS SAQUINHOS COM BOLINHAS DE GUDE E COMPLETE. ATENÇÃO! CADA SAQUINHO TEM 10 BOLINHAS.

-    HÁ _____ BOLINHAS DE GUDE.

-    HÁ _____ BOLINHAS DE GUDE.

-    HÁ _____ BOLINHAS DE GUDE.

2 VEJA AS CANETAS QUE ESTÃO À VENDA NA PAPELARIA.

- QUANTAS CANETAS ESTÃO À VENDA? _____

- PAULO COMPRARÁ QUATRO CAIXAS DE CANETAS. QUANTAS CANETAS ELE COMPRARÁ AO TODO? _____

- DEPOIS DA COMPRA DE PAULO, QUANTAS CANETAS SOBRARÃO?

_____

42 QUARENTA E DOIS

TEMA 2 | NÚMEROS NO COTIDIANO

ANALISANDO E CALCULANDO

1 VEJA QUANTOS REAIS MINHA MÃE TEM EM SUA CARTEIRA.

COM QUANTO MINHA MÃE FICARÁ SE ELA:

- GANHAR 5 REAIS? _____
- GASTAR 10 REAIS? _____
- GASTAR 8 REAIS? _____

2 CARLOS TEM 28 REAIS E CARINA TEM 30 REAIS.

- SE ELES JUNTAREM O DINHEIRO, PODEM COMPRAR UM ESTOJO DE 55 REAIS? _____

- VAI SOBRAR OU FALTAR DINHEIRO? _____ QUANTOS REAIS? _____

QUARENTA E TRÊS **43**

COMPREENDER INFORMAÇÕES

ANA REGISTROU EM UM GRÁFICO O NÚMERO DE ANIVERSARIANTES DOS ÚLTIMOS MESES DO ANO.

- EM QUE MÊS HÁ MAIS ANIVERSARIANTES?
  _____

- EM QUE MÊS HÁ APENAS 2 ANIVERSARIANTES?
  _____

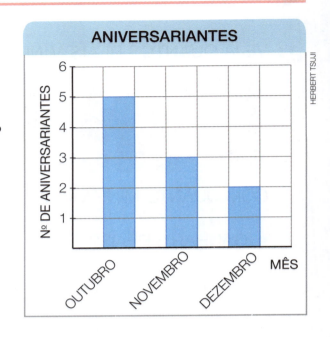

QUEBRA-CUCA

RESOLVA A CRUZADINHA ESCREVENDO OS NÚMEROS POR EXTENSO.

44 QUARENTA E QUATRO

LEMBRETES — UNIDADE 6 — VAMOS MEDIR

MEDIDAS DE COMPRIMENTO

A MESA DA PROFESSORA MEDE 6 PALMOS.

O METRO

EDUARDO TEM MAIS DE 1 METRO, E FLÁVIA TEM MENOS DE 1 METRO.

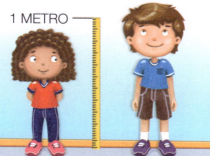

O CENTÍMETRO

O DESENHO DO APONTADOR TEM 2 CENTÍMETROS DE COMPRIMENTO.

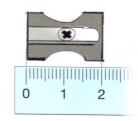

CADA SETA TEM 1 CENTÍMETRO. PARA CHEGAR À TOCA, O TATU ANDARÁ 6 CENTÍMETROS.

MEDINDO A MASSA

O PACOTE DE FEIJÃO É MAIS LEVE QUE O PACOTE DE ARROZ.

MEDINDO A CAPACIDADE

NESTA GARRAFA CABE 1 LITRO DE LEITE.

MEDINDO O TEMPO

ESTES DOIS RELÓGIOS MARCAM 3 HORAS.

UM ANO TEM 12 MESES.
OS MESES SÃO: JANEIRO, FEVEREIRO, MARÇO, ABRIL, MAIO, JUNHO, JULHO, AGOSTO, SETEMBRO, OUTUBRO, NOVEMBRO E DEZEMBRO.
UMA SEMANA TEM 7 DIAS.

QUARENTA E CINCO — 45

TEMA 1 | MEDIÇÕES

INSTRUMENTOS PARA MEDIR

1 OBSERVE OS INSTRUMENTOS DE MEDIDA E RESPONDA DE ACORDO COM O CÓDIGO.

| M | MEDE MASSA | T | MEDE TEMPO | C | MEDE CAPACIDADE |

VAMOS MEDIR?

PINTE AS ÁRVORES QUE SÃO MAIS ALTAS DO QUE A ÁRVORE EM DESTAQUE.

46 QUARENTA E SEIS

COMPARANDO COMPRIMENTOS

TEMA 2 | MEDIDAS DE COMPRIMENTO

1) OBSERVE E COMPLETE.

LÚCIA

ALBERTO

- O COMPRIMENTO DO TAPETE MEDE _____ PÉS DE LÚCIA.

- A MEDIDA DA LARGURA DA JANELA É _____ PALMOS DE ALBERTO.

2) CINCO AMIGOS ESTAVAM CONVERSANDO QUANDO A PROFESSORA CHAMOU:

"POR FAVOR, PRECISO DA AJUDA DOS DOIS ALUNOS MAIS ALTOS."

FAÇA UM **X** NOS ALUNOS QUE FORAM AJUDAR A PROFESSORA.

QUARENTA E SETE 47

O CENTÍMETRO

1 OBSERVE DOIS CAMINHOS POSSÍVEIS PARA VITÓRIA CHEGAR À GANGORRA.

> **DICA**
> • CADA UMA DAS SETAS MEDE 1 CENTÍMETRO.

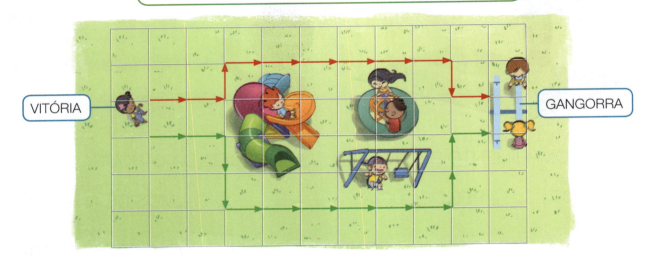

• QUANTOS CENTÍMETROS TEM CADA CAMINHO?

CAMINHO VERMELHO: _____ CENTÍMETROS

CAMINHO VERDE: _____ CENTÍMETROS

2 A FOTOGRAFIA DE LUANA MEDE MAIS DE 7 CENTÍMETROS DE COMPRIMENTO E TEM 5 CENTÍMETROS DE LARGURA.

• MEÇA AS FOTOGRAFIAS E CONTORNE A FOTOGRAFIA DE LUANA.

TEMA 2 | MEDIDAS DE COMPRIMENTO

1. PINTE OS PRODUTOS QUE SE COSTUMA COMPRAR POR METRO.

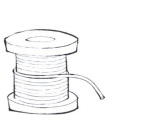 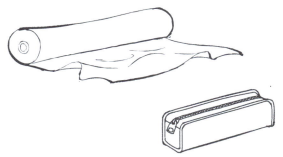 

2. OBSERVE AS ILUSTRAÇÕES A SEGUIR. PENSANDO EM SUA MEDIDA REAL, LIGUE-AS À AFIRMAÇÃO CORRETA.

TEM COMPRIMENTO MENOR QUE 1 METRO

TEM COMPRIMENTO MAIOR QUE 1 METRO

 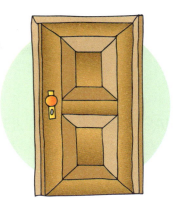

QUARENTA E NOVE 49

COMPARANDO MASSAS

1 OBSERVE AS BALANÇAS E COMPLETE COM **MAIOR**, **MENOR** OU **IGUAL**.

2 PINTE DE 🖍 A ROUPA DA CRIANÇA MAIS LEVE E DE 🖍 A ROUPA DA OUTRA CRIANÇA.

- SE AS DUAS CRIANÇAS SUBIREM EM UMA MESMA BALANÇA, QUANTOS QUILOGRAMAS A BALANÇA VAI MARCAR?

   A BALANÇA VAI MARCAR _____

COMPARANDO CAPACIDADES

TEMA 3 | MEDIDAS DE MASSA E MEDIDAS DE CAPACIDADE

1. MARQUE COM UM **X** OS PRODUTOS QUE SÃO VENDIDOS POR LITRO.

2. MARQUE COM UM **X** OS RECIPIENTES EM QUE CABE MAIS DE 1 LITRO DE ÁGUA. CONTORNE O RECIPIENTE EM QUE CABE MENOS DE 1 LITRO DE ÁGUA.

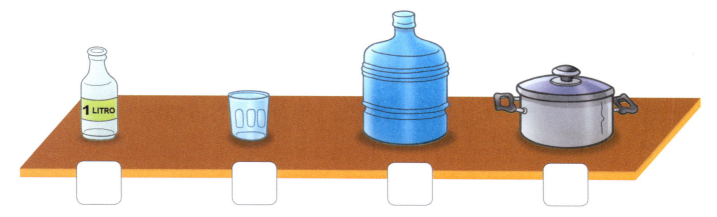

3. OBSERVE:

4 COPOS ENCHEM 1 GARRAFA

- QUANTOS DESSES COPOS SÃO NECESSÁRIOS PARA ENCHER 2 GARRAFAS? _____

- E 3 GARRAFAS? _____

CINQUENTA E UM 51

MEDINDO TEMPO

TRÊS SEGURANÇAS TRABALHAM EM UM HOSPITAL, CADA UM EM UM TURNO. RAFAEL TRABALHA NO TURNO DA TARDE E RODRIGO NO TURNO DA NOITE. DEPOIS DISSO, VEM O TURNO DA:

☐ MANHÃ ☐ TARDE ☐ NOITE

ANO, MÊS, SEMANA E DIA

1 COMPLETE A FRASE.

UMA SEMANA TEM _____ DIAS. OS DIAS DA SEMANA SÃO:

_____ , _____ , _____ ,

_____ , _____ , _____ ,

_____ .

2 OBSERVE A SEGUIR O DIA MARCADO NO CALENDÁRIO DE HOJE. DESCUBRA QUE DIA FOI ONTEM. E QUAL DIA SERÁ AMANHÃ. COMPLETE-OS E PREENCHA TAMBÉM OS DIAS DA SEMANA, HOJE E AMANHÃ.

RELÓGIOS

1 OS RELÓGIOS MARCAM O MESMO HORÁRIO. DESENHE O PONTEIRO QUE ESTÁ FALTANDO.

2 NO DOMINGO PASSADO, RAFAEL PARTICIPOU DE UMA COMPETIÇÃO DE NATAÇÃO. ELE E A MÃE ACORDARAM ÀS 8 HORAS PARA TOMAR CAFÉ DA MANHÃ. ÀS 10 HORAS CHEGARAM À COMPETIÇÃO, QUE DUROU 2 HORAS.

- DESENHE OS PONTEIROS DO RELÓGIO PARA MARCAR A HORA EM QUE RAFAEL E A MÃE ACORDARAM.
- A QUE HORAS ACABOU A COMPETIÇÃO?

_____

- DESENHE UM RELÓGIO COM OS PONTEIROS INDICANDO A HORA QUE ELES CHEGARAM À COMPETIÇÃO.

TEMA 5 | CÉDULAS E MOEDAS DO BRASIL

 O REAL

1. VANESSA QUER TROCAR TODO O DINHEIRO DELA POR UMA CÉDULA. VEJA A QUANTIA QUE ELA TEM E LIGUE À CÉDULA CORRESPONDENTE.

2. OBSERVE OS PRODUTOS E OS PREÇOS.

- CIRCULE AS MOEDAS NECESSÁRIAS PARA COMPRAR UMA CAIXA DE LEITE.

- QUAIS CÉDULAS VOCÊ PODERIA USAR PARA COMPRAR A CAIXA DE BOMBONS?

- COMO VOCÊ PODERIA PAGAR O BOLO DE ANIVERSÁRIO, USANDO CÉDULA(S) E MOEDA(S), SEM QUE SOBRASSE TROCO? FAÇA UM **X** NO QUE USARIA.

 54 CINQUENTA E QUATRO

COMPREENDER INFORMAÇÕES

VEJA NA TABELA QUANTOS ALUNOS FALTARAM NOS ÚLTIMOS DIAS DE AULA.

DIA	QUARTA-FEIRA	QUINTA-FEIRA	SEXTA-FEIRA
NÚMERO DE ALUNOS QUE FALTARAM	5	6	3

- PINTE A QUANTIDADE DE QUADRINHOS DE CADA COLUNA DE ACORDO COM OS DADOS DA TABELA:

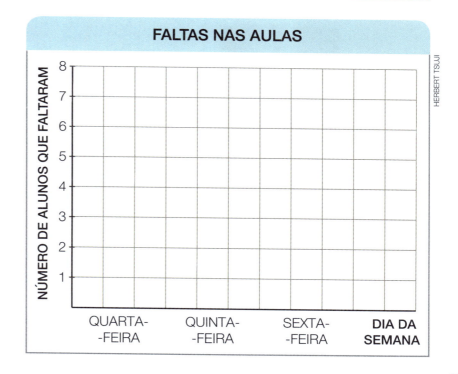

QUEBRA-CUCA

PINTE OS PACOTES DE AZUL, VERMELHO OU VERDE, DE ACORDO COM AS DICAS.

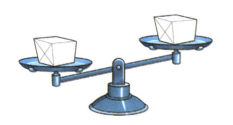
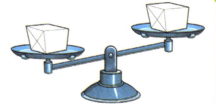

DICAS

- O PACOTE VERMELHO É MAIS PESADO QUE O AZUL.
- O PACOTE AZUL É MAIS PESADO QUE O VERDE.

CINQUENTA E CINCO

LEMBRETES — UNIDADE 7 — OPERAÇÕES COM NÚMEROS NATURAIS

SITUAÇÕES DE ADIÇÃO

20 + 20 + 5 + 1 + 1 = 47
HÁ UM TOTAL DE 47 REAIS.

VEJA QUANTAS PESSOAS ASSISTIRAM À PEÇA DA ESCOLA:
SESSÃO DA TARDE: 50
SESSÃO DA NOITE: 38
AO TODO, 88 PESSOAS ASSISTIRAM À PEÇA.
50 + 38 = 88

SITUAÇÕES DE SUBTRAÇÃO

GABRIEL TINHA A SEGUINTE QUANTIA:

GABRIEL GASTOU 2 REAIS.
PARA SABER COM QUANTO GABRIEL FICOU, FAZEMOS:
50 − 2 = 48.
GABRIEL FICOU COM 48 REAIS.

VEJA O QUE OS ALUNOS PREFEREM: GATOS OU CACHORROS?
ALUNOS QUE PREFEREM GATOS: 22.
ALUNOS QUE PREFEREM CACHORROS: 63.
PARA SABER A DIFERENÇA DA QUANTIDADE DE ALUNOS QUE PREFEREM CACHORROS A GATOS, CALCULAMOS:
63 − 22 = 41.
OU SEJA, HÁ 41 ALUNOS A MAIS QUE PREFEREM CACHORROS A GATOS.

SITUAÇÕES DE MULTIPLICAÇÃO

2 + 2 + 2 + 2 = 8
HÁ 8 POTINHOS DE GUACHE NO TOTAL.

1 CAIXA DE LÁPIS DE COR TEM 6 LÁPIS.
2 CAIXAS DE LÁPIS DE COR TÊM 12 LÁPIS.

1 CAIXA   2 CAIXAS

SITUAÇÕES DE DIVISÃO

JONAS DISTRIBUIU IGUALMENTE 8 BALAS ENTRE 2 VIDROS.
CADA VIDRO FICOU COM 4 BALAS.

TALES TEM 10 MEIAS. ELE ORGANIZOU SUAS MEIAS EM PARES.
TALES TEM 5 PARES DE MEIAS.

SITUAÇÕES DE ADIÇÃO

1. A PROFESSORA PEDIU AOS ALUNOS QUE LEVASSEM LATINHAS DE ALUMÍNIO. A META ERA JUNTAR 100 LATINHAS.

   - ELES ATINGIRAM A META? _____

1º DIA	55 LATINHAS
2º DIA	43 LATINHAS

2. EM UM PARQUE, ISABELA COMPROU UM SUCO, UM PASTEL E UM BILHETE PARA 10 BRINCADEIRAS. OBSERVE A TABELA.

10 BRINCADEIRAS	20 REAIS
SUCO (COPO)	4 REAIS
PASTEL	5 REAIS

QUANTO ELA GASTOU EXATAMENTE? _____

3. OBSERVE AS QUANTIDADES DOS PRODUTOS MAIS VENDIDOS EM UMA PAPELARIA:

CADERNOS GRANDES	CADERNOS PEQUENOS	RÉGUA GRANDE	RÉGUA PEQUENA
52	43	71	28

- QUANTOS CADERNOS FORAM VENDIDOS NO TOTAL? _____

- QUANTAS RÉGUAS FORAM VENDIDAS NO TOTAL? _____

SITUAÇÕES DE SUBTRAÇÃO

TEMA 1 | ADIÇÃO E SUBTRAÇÃO

1 UMA PADARIA TINHA 35 SACOS DE FARINHA. FORAM USADOS 28 SACOS.

- RISQUE OS SACOS USADOS.

- QUANTOS SACOS DE FARINHA SOBRARAM? _____

- COMPLETE A SUBTRAÇÃO QUE REPRESENTA A SITUAÇÃO: _____

2 DESCUBRA QUANTOS REAIS CADA CRIANÇA TEM, DE ACORDO COM AS DICAS. ESCREVA A RESPOSTA NA ÚLTIMA LINHA DA TABELA.

FÁBIO	MELISSA	ALICE	MARCELO
EU TENHO 48 REAIS	EU TENHO 5 REAIS A MENOS QUE FÁBIO.	EU TENHO 12 REAIS A MENOS QUE MELISSA.	EU TENHO A MESMA QUANTIDADE QUE MELISSA.
48			

CINQUENTA E NOVE **59**

SITUAÇÕES DE MULTIPLICAÇÃO

1 CALCULE QUANTAS BEXIGAS HÁ NO TOTAL.

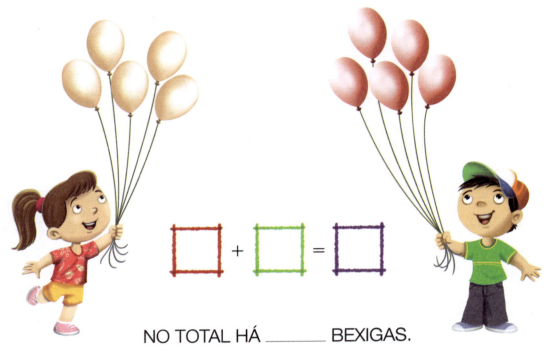

NO TOTAL HÁ _____ BEXIGAS.

2 CONTE QUANTAS BOLINHAS HÁ EM CADA QUADRO.

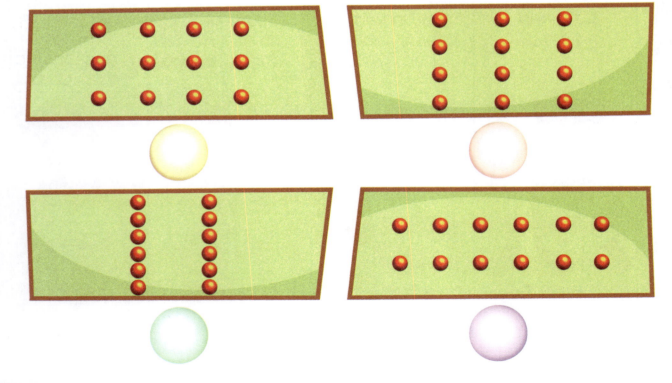

TEMA 2 | MULTIPLICAÇÃO E DIVISÃO

1. DESENHE OS LÁPIS QUE FALTAM E, DEPOIS, COMPLETE AS FRASES.

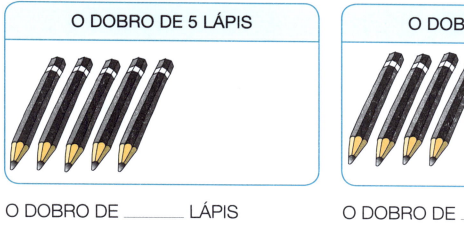

O DOBRO DE _____ LÁPIS

É _____ LÁPIS.

O DOBRO DE _____ LÁPIS

É _____ LÁPIS.

2. APÓS LER AS DICAS, ENCONTRE O NÚMERO QUE ESTÁ NO CARTÃO DE CADA ALUNO.

SESSENTA E UM **61**

SITUAÇÕES DE DIVISÃO

1. DESENHE AS BOLINHAS NOS POTES DE MODO QUE CADA POTE TENHA A MESMA QUANTIDADE DE BOLINHAS.

- QUANTAS BOLINHAS VOCÊ DESENHOU EM CADA POTE?

2. OBSERVE O GRUPO DE AMIGOS E RESPONDA À QUESTÃO.

- QUANTAS DUPLAS PODEMOS FORMAR COM ESSE GRUPO DE AMIGOS?

TEMA 2 | MULTIPLICAÇÃO E DIVISÃO

1 VÍTOR COMPROU 10 CARRINHOS. ENTÃO, DEU METADE PARA GABRIEL E METADE PARA RAFAEL. SABENDO DISSO, LIGUE OS CARRINHOS AOS GAROTOS.

GABRIEL    RAFAEL

CADA GAROTO FICOU COM _____ CARRINHOS.

LOGO, A METADE DE _____ É IGUAL A _____.

2 FORME DOIS GRUPOS IGUAIS DE CARACÓIS.

EM CADA GRUPO HÁ _____ CARACÓIS.

LOGO, A METADE DE _____ CARACÓIS É _____ CARACÓIS.

SESSENTA E TRÊS 63

COMPREENDER INFORMAÇÕES

EM UMA PESQUISA SOBRE CORES PREFERIDAS DE UM GRUPO DE PESSOAS, OS ALUNOS CRIARAM O GRÁFICO AO LADO.

- QUAL COR TEVE MAIS VOTOS? _____

- QUANTOS VOTOS A MAIS TEVE A COR AZUL EM RELAÇÃO À COR AMARELA? _____

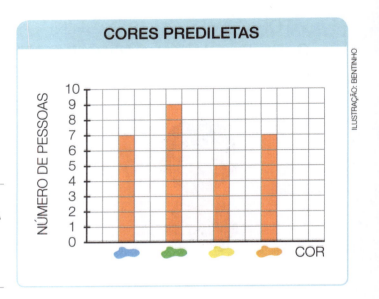

QUEBRA-CUCA

LEIA A DICA E COMPLETE O ESQUEMA COM OS NÚMEROS QUE FALTAM.

DICA
- COMEÇANDO DE BAIXO PARA CIMA, A SOMA DE DOIS NÚMEROS VIZINHOS ENCONTRA-SE NO QUADRO QUE ESTÁ SOBRE ELES.

64 SESSENTA E QUATRO

LEMBRETES  AMPLIANDO

FIGURAS

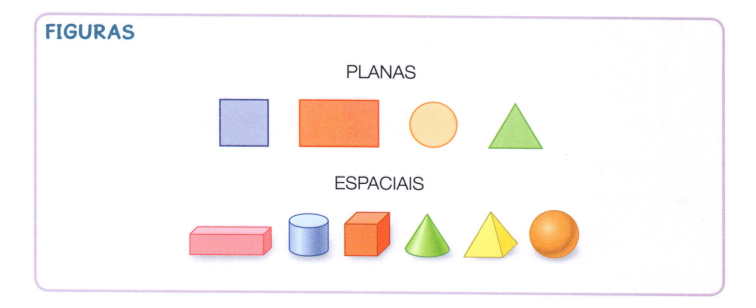

PADRÕES

SESSENTA E CINCO 65

TEMA 1 | NÚMEROS

FORMANDO NÚMEROS

1. OBSERVE OS CARTÕES NUMERADOS A SEGUIR.

- QUAL É O MAIOR NÚMERO QUE PODEMOS FORMAR USANDO DOIS CARTÕES? E O MENOR NÚMERO? _____

- É POSSÍVEL, USANDO DOIS CARTÕES, FORMAR UM NÚMERO PAR?

_____

- É POSSÍVEL, USANDO DOIS CARTÕES, FORMAR UM NÚMERO ÍMPAR?

_____

2. OBSERVE A SEGUIR OS NÚMEROS QUE JÁ FORAM SORTEADOS EM UM JOGO DE BINGO.

1	2	3	4	5	6	7	8	9	10
11					16	17	18	19	20
21	22	23	24	25	26	27	28	29	30
	32	33		35	36	37	38	39	40
	42	43	44	45	46	47	48		50
	52	53	54				58		60

- QUAL É O MAIOR NÚMERO QUE AINDA FALTA SER SORTEADO? _____

- QUAL É O MENOR NÚMERO QUE FALTA SER SORTEADO? _____

- PREENCHA A TABELA COM OS NÚMEROS QUE FALTAM.

UNIDADE 8

66 SESSENTA E SEIS

QUAL É A MINHA POSIÇÃO?

TEMA 2 | GEOMETRIA

1 ESTA É A SALA DE AULA DE UM CURSO DE INGLÊS.

DIREITO   ESQUERDO   ENTRE

ATRÁS   NA FRENTE

USE AS PALAVRAS DO QUADRO ACIMA PARA COMPLETAR AS FRASES A SEGUIR:

NUNO SENTA DO LADO _____ DE ROSE E _____ DE ISABEL.

LÉO SENTA DO LADO _____ DE CIDA E _____ DE CRIS.

ISABEL SENTA _____ CIDA E BRUNO.

SESSENTA E SETE 67

TEMA 2 | GEOMETRIA

FIGURAS GEOMÉTRICAS

1 DESCUBRA 7 DIFERENÇAS ENTRE AS FIGURAS DOS DOIS QUADROS.

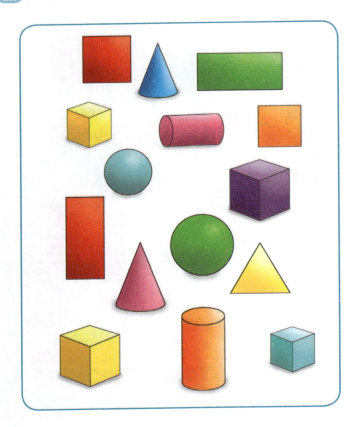
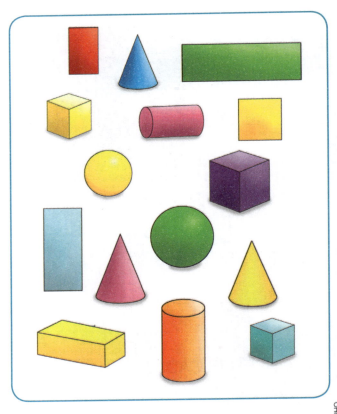

2 LIGUE CADA OBJETO À ENTRADA CORRESPONDENTE NO BALDE.

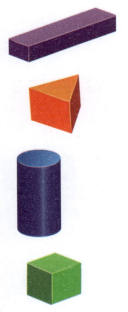

MEDIDAS DE TEMPO

COMPLETE OS QUADROS EM BRANCO COM O DIA DA SEMANA.

ONTEM	HOJE	AMANHÃ
	DOMINGO	

ONTEM	HOJE	AMANHÃ
		SÁBADO

OUTRAS MEDIDAS

OBSERVE CADA UMA DAS BALANÇAS E INDIQUE SE A SUA POSIÇÃO ESTÁ CERTA OU ERRADA.

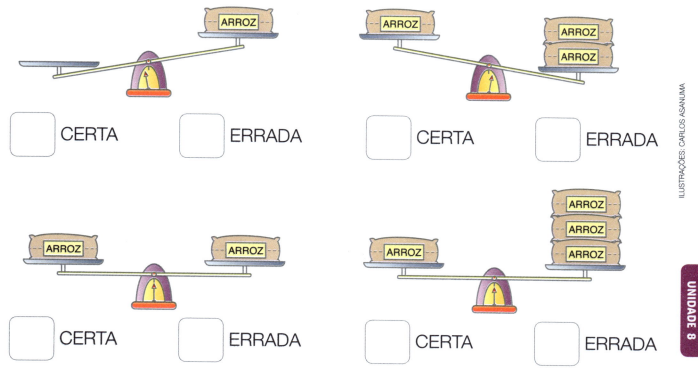

☐ CERTA ☐ ERRADA   ☐ CERTA ☐ ERRADA

☐ CERTA ☐ ERRADA   ☐ CERTA ☐ ERRADA

TEMA 4 | ÁLGEBRA

PADRÕES

MARQUE COM UM **X** O QUE VARIA NO PADRÃO DE CADA SEQUÊNCIA.

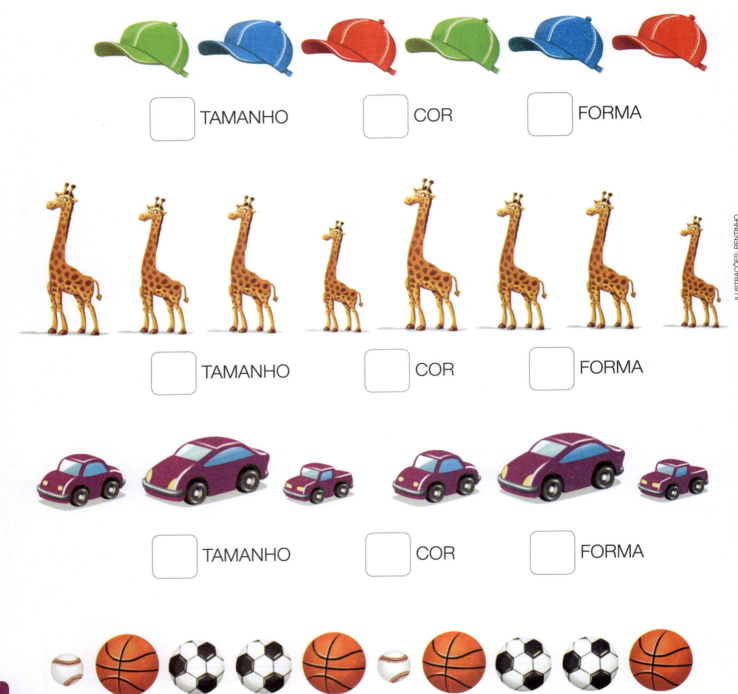

COMPREENDER INFORMAÇÕES

WILLIAM FEZ UMA PESQUISA COM SEUS COLEGAS PARA SABER QUAIS SÃO SEUS LUGARES DE LAZER PREFERIDOS. DEPOIS, CONSTRUIU ESTA TABELA.

LUGARES PREFERIDOS

LUGAR	NÚMERO DE COLEGAS
PARQUE	12
CINEMA	9
PRAIA	4
TEATRO	5

- AGORA, COMPLETE O GRÁFICO DE ACORDO COM A TABELA. PINTE UM QUADRINHO PARA REPRESENTAR CADA COLEGA.

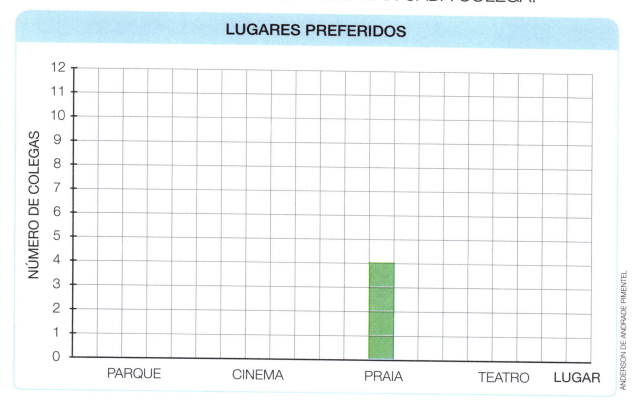

- QUAL LUGAR APARECEU MAIS VEZES NA PESQUISA DE WILLIAM?

_____

QUEBRA-CUCA

1 JOANA ADORA COMER FRUTAS. DESCUBRA SUA FRUTA PREFERIDA, SEGUINDO AS DICAS A SEGUIR.

> **DICAS**
> - ESCREVA OS NÚMEROS UTILIZANDO ALGARISMOS. EM SEGUIDA, ORDENE-OS DO MENOR PARA O MAIOR.
> - EMBAIXO DE CADA NÚMERO, ESCREVA A LETRA CORRESPONDENTE.

A — SETE DEZENAS E TRÊS UNIDADES

U — OITO DEZENAS E SETE UNIDADES

I — NOVE DEZENAS E SEIS UNIDADES

Q — OITO DEZENAS E ZERO UNIDADE

C — SEIS DEZENAS E OITO UNIDADES

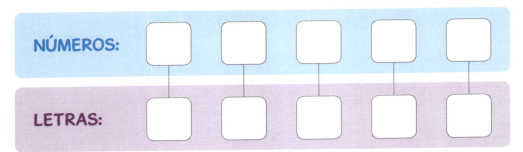

NÚMEROS:

LETRAS:

2 DESCUBRA A REGRA E ESCREVA OS NÚMEROS QUE FALTAM EM CADA SEQUÊNCIA.

72 SETENTA E DOIS